LOS DINOSAURIOS MÁS INTELIGENTES

POR **"DINO" DON LESSEM**

ILUSTRACIONES POR **JOHN BINDON**

EDICIONES LERNER / MINNEAPOLIS

Para Emily Lessem, mi sobrina preferida

Traducción al español: copyright © 2007 por ediciones Lerner
Título original: *The Smartest Dinosaurs*
Texto: copyright © 2005 por Dino Don, Inc.
Ilustraciones: copyright © 2005 por John Bindon

La edición en español fue realizada por un equipo de traductores nativos de español de translations.com, empresa mundial dedicada a la traducción.

ediciones Lerner
Una división de Lerner Publishing Group
241 First Avenue North
Minneapolis, MN 55401 EUA

Dirección de Internet: www.lernerbooks.com

Library of Congress Cataloging-in-Publication-Data

Lessem, Don.
   (Smartest dinosaurs. Spanish)
   Los dinosaurios más inteligentes / por "Dino" Don Lessem ; ilustraciones por John Bindon.
      p. cm. — (Conoce a los dinosaurios)
   Includes index.
      ISBN-13: 978-0-8225-6245-0 (lib. bdg. : alk. paper)
      ISBN-10: 0-8225-6245-6 (lib. bdg. : alk. paper)
      1. Dinosaurs—Juvenile literature. 2. Animal intelligence—Juvenile literature. I. Bindon, John, ill. II. Title.
   QE861.5.L48518 2007
   567.9—dc22   2006001836

Fabricado en los Estados Unidos de América
1 2 3 4 5 6 – DP – 12 11 10 09 08 07

CONTENIDO

CONOCE A LOS DINOSAURIOS MÁS INTELIGENTES

¡BIENVENIDOS, FANÁTICOS DE LOS DINOSAURIOS!

Soy "Dino" Don. Los dinosaurios ME ENCANTAN. Me gustan en particular los inteligentes, porque nos recuerdan lo especiales que eran los dinosaurios. Los dinosaurios eran los animales más inteligentes de su época. Éstos son algunos datos sobre los dinosaurios más inteligentes que conocerás en este libro. ¡Que te diviertas!

DEINONYCHUS
Longitud: 12 pies (3.7 metros)
Hogar: oeste de Norteamérica
Época: hace 115 millones de años

GALLIMIMUS
Longitud: 17 pies (5.2 metros)
Hogar: Asia central
Época: hace 70 millones de años

GIGANOTOSAURUS
Longitud: 45 pies (13.7 metros)
Hogar: sur de Sudamérica
Época: hace 100 millones de años

LEAELLYNASAURA
Longitud: 6 pies (1.8 metros)
Hogar: Australia
Época: hace 110 millones de años

MICRORAPTOR
Longitud: 1.8 pies (0.5 metros)
Hogar: Asia
Época: hace 124 millones de años

TROODON
Longitud: 6 pies (1.8 metros)
Hogar: oeste de Norteamérica
Época: hace 76 millones de años

TYRANNOSAURUS REX
Longitud: 40 pies (12 metros)
Hogar: oeste de Norteamérica
Época: hace 65 millones de años
Apodo: *T. rex*

¿QUÉ TAN INTELIGENTES ERAN LOS DINOSAURIOS?

El sol se pone sobre un bosque en el oeste de Norteamérica, hace 76 millones de años. En la penumbra, dos jóvenes *Troodon* escarban el fondo de un agujero en el suelo. Sus hábiles manos cavan rápidamente.

Toman turnos para cavar profundo en el
agujero. Una criatura parecida a un ratón sale
como un rayo. Con su aguda vista y rápidos
dedos, un *Troodon* lo atrapa. El animalito ahora
es la cena de estos inteligentes dinosaurios.

LA ÉPOCA DE LOS DINOSAURIOS MÁS INTELIGENTES

Microraptor

Deinonychus

Leaellynasaura

Hace 124 millones de años

Hace 115 millones de años

Hace 110 millones de años

El *Troodon* y otros dinosaurios vivieron sobre la tierra hace millones de años. Estaban emparentados con los reptiles, como los lagartos, los caimanes y las tortugas. Al igual que los reptiles, los dinosaurios ponían huevos, pero no eran reptiles.

Giganotosaurus

Troodon

Tyrannosaurus rex

Hace 100 millones de años

Hace 76 millones de años

Hace 65 millones de años

Los dinosaurios formaban un grupo especial. La mayoría de los dinosaurios eran mucho más grandes que los reptiles, y los científicos piensan que también eran más inteligentes. Pero los dinosaurios desaparecieron, o se **extinguieron**, hace 65 millones de años. Los reptiles todavía existen.

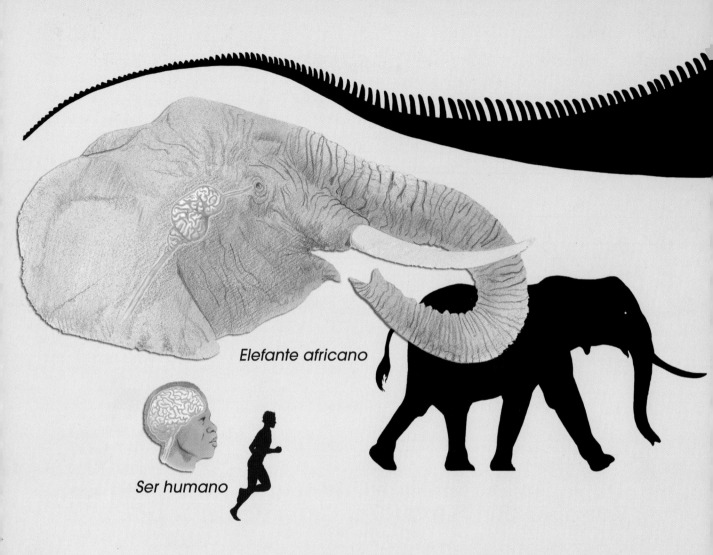

Elefante africano

Ser humano

¿Cómo sabemos que algunos dinosaurios eran más inteligentes que otros animales? Para adivinar qué tan inteligente es un animal, los científicos comparan el tamaño de su cerebro con el tamaño de su cuerpo.

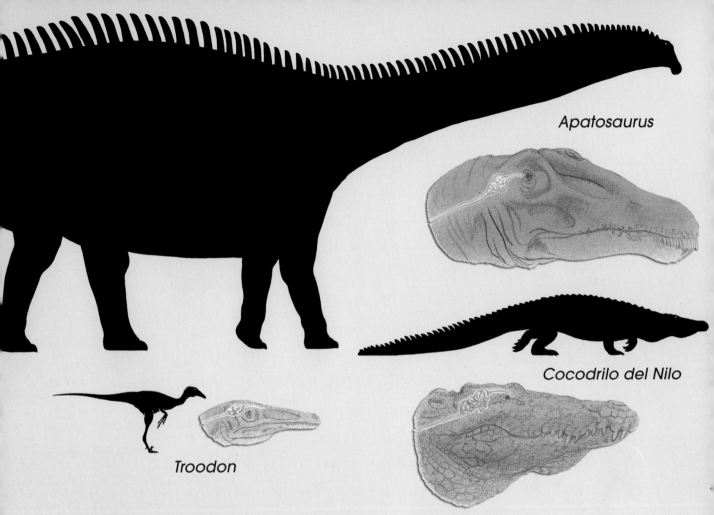

Apatosaurus

Cocodrilo del Nilo

Troodon

El cerebro de los elefantes es más grande que el
de los seres humanos, pero eso no significa que
los elefantes sean más inteligentes. El cerebro de
los elefantes es grande, pero su cuerpo también
lo es. Nosotros tenemos un cerebro grande en
un cuerpo más pequeño. Por eso, los seres
humanos son más inteligentes que los elefantes.

¿Cómo saben los científicos qué tamaño tenía el cerebro de un dinosaurio? Estudian los **fósiles**, o restos, que quedaron de los dinosaurios. Los fósiles pueden ser huesos, dientes, huevos y hasta caca de dinosaurio.

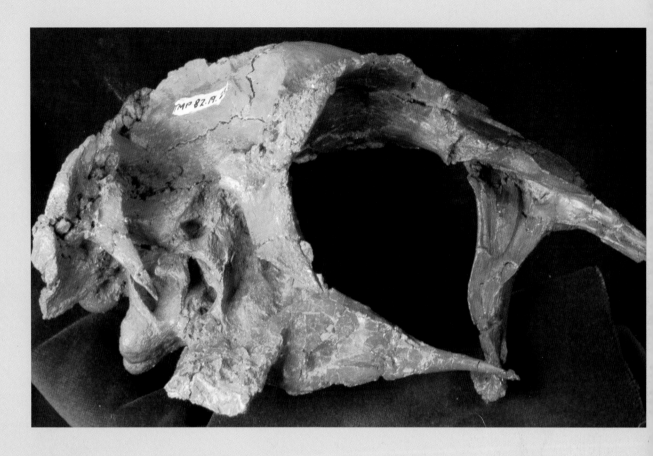

Las partes blandas del cuerpo, como el cerebro,
no se convierten en fósiles. Sin embargo, a
veces se encuentra el fósil de una **calavera** de
dinosaurio. Adentro puede estar el **cráneo**, que
es la parte de la calavera que contiene el
cerebro. La forma del cráneo indica de qué
tamaño era el cerebro del dinosaurio.

HALLAZGOS DE FÓSILES DE DINOSAURIOS

Los números en el mapa de la página 15 indican algunos de los lugares donde se han encontrado fósiles de los dinosaurios que aparecen en este libro. En esta página puedes ver los nombres y las siluetas de los dinosaurios que corresponden a los números en el mapa.

1. Deinonychus

2. Gallimimus

3. Giganotosaurus

4. Leaellynasaura

5. Microraptor

6. Troodon

7. Tyrannosaurus rex

Hay fósiles de dinosaurios en todo el mundo, pero rara vez se encuentran calaveras y cráneos. En 1987, un buscador de fósiles hizo un emocionante descubrimiento en el oeste de Canadá. Encontró el cráneo de un *Troodon*.

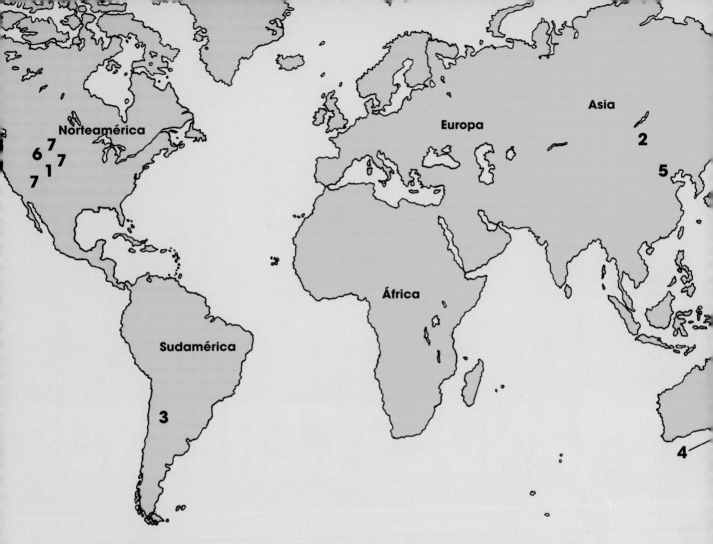

El *Troodon* era un dinosaurio carnívoro, no
más grande que un perro caniche grande.
Su gran cráneo demostró que tenía un
cerebro de gran tamaño. De hecho, el
Troodon es el dinosaurio más inteligente
que conocemos.

GRANDES CEREBROS

El *Tyrannosaurus rex* era uno de los dinosaurios más inteligentes y mortíferos. Su cerebro era más grande que el nuestro. El *T. rex* también tenía un cuerpo grande, así que no era tan inteligente como nosotros, pero probablemente era más inteligente que los animales que cazaba.

Es muy posible que el *T. rex* haya usado su gran cerebro para husmear o divisar a sus **presas**, los animales que mataba para alimentarse. Estos dos *T. rex* han formado un equipo para matar a un dinosaurio pico de pato. Sin embargo, es posible que terminen peleando entre ellos por el alimento.

Estos pequeños *Leaellynasaura* buscan
alimento en la penumbra. Donde ellos
viven, cerca de la Antártica, está oscuro la
mayor parte del año. Sin embargo, con sus
ojos grandes y agudos, estos herbívoros
pueden encontrar alimento incluso en la
oscuridad del invierno.

Los dinosaurios tenían mejor vista que muchos otros animales. En los *Leaellynasaura*, la parte del cerebro que se usa para la vista era muy grande. Su buena vista les ayudaba a los *Leaellynasaura* a sobrevivir en el oscuro invierno.

Un *Giganotosaurus* camina por los bosques
de Sudamérica. Siente el olor de carne
podrida. El cuerpo de un enorme dinosaurio
muerto yace junto a un arroyo. Para nosotros,
tendría un olor horrible, pero la carne huele
bien para este hambriento *Giganotosaurus*.

El *Giganotosaurus* podía reconocer muchos olores. Una gran parte de su cerebro servía para el olfato. Podía oler otros dinosaurios, vivos o muertos, desde muy lejos.

Es temprano en la mañana en un tórrido
desierto de Asia, hace 70 millones de años.
El *Tarbosaurus*, un primo cercano del *T. rex*,
ataca a una manada de dinosaurios
parecidos a avestruces. Los asustados
Gallimimus corren velozmente, y pronto
dejan muy atrás al cansado *Tarbosaurus*.

El *Gallimimus* era uno de los dinosaurios más rápidos. Su cuerpo era liviano y sus patas eran largas. Pero para correr se necesita algo más que patas: se requiere capacidad mental para controlar su movimiento. El gran cerebro del *Gallimimus* ayudaba a correr.

Una manada de rápidos *Deinonychus* está
cazando. Estos mortíferos cazadores son
conocidos por sus filosas garras. Sorprenden a
un enorme herbívoro, que defiende y golpea a
los atacantes tan fuerte que algunos mueren.
Pero, los cazadores cortan, patean, golpean y
muerden hasta que finalmente ganan.

Los cazadores como el *Deinonychus* y el
Velociraptor estaban entre los dinosaurios
más inteligentes de todos. Es posible que
hayan trabajado en grupo para acechar y
rodear a su presa. Para esa clase de trabajo
en equipo se necesita capacidad mental.

Un joven *Troodon* practica sus habilidades
como cazador persiguiendo una mariposa
nocturna. La mariposa revolotea por
encima de su cabeza. El *Troodon* trata de
adivinar hacia dónde se moverá. ¡CHAS!
Por fin, el paciente dinosaurio lo logra.

Para atrapar su alimento, los dinosaurios tenían que mover las garras y las mandíbulas rápidamente. El *Troodon* podía agarrar animales con los dedos así como nosotros tomamos cosas con el pulgar y los dedos. Para eso hay que tener un cerebro grande.

¿QUÉ DINOSAURIOS ERAN LOS MÁS INTELIGENTES?

Un pequeño y extraño dinosaurio huye de otro mucho más grande. El pequeño dinosaurio baja por una colina. De repente, extiende sus patas delanteras y despega, planeando por el aire hacia un lugar seguro.

Este pequeño dinosaurio se llama *Microraptor*.
Tenía plumas en las cuatro extremidades. No
sabemos con certeza si volaba, pero pudo
haber usado su gran cerebro para moverse
rápidamente. Tal vez el *Microraptor* era el
dinosaurio más inteligente de todos.

¿Qué tan inteligentes serían los dinosaurios si no hubieran desaparecido? Un científico imaginó que serían como los humanos. Hizo esta escultura de un animal superinteligente llamado dinosauroide. Pero los dinosaurios y los seres humanos no están tan emparentados. Pocos científicos piensan que los dinosaurios tendrían un aspecto tan humano.

Es posible que los dinosaurios más
inteligentes aún estén vivos. Las aves son
parientes cercanas de los dinosaurios
carnívoros. El avestruz es casi tan
inteligente como el dinosaurio más listo.
Comparado con su cuerpo, tiene un
cerebro grande. Entonces, cuando pienses
qué tan inteligentes eran los dinosaurios
más inteligentes, piensa en las avestruces.

GLOSARIO

calavera: conjunto de los huesos de la cabeza

cráneo: parte del cabeza que contiene el cerebro

extinguirse: cuando no queda ningún miembro vivo de un tipo de animal o planta

fósiles: restos, huellas o rastros de algo que vivió hace mucho tiempo

presas: animales que son cazados y comidos por otros animales

ÍNDICE

3724